Liebe Leserin, lieber Leser!

Die Hexentreppe – wer kennt sie nicht, diese einfache Faltfigur, aus der sich so schöne und kunstvolle Formen entwickeln lassen. Dieses Buch soll Anregung sein, eine Vielfalt von Formen selbst zu gestalten, zu kombinieren und neu zu erfinden. Hier finden Sie Blumen und Tiere aller Art, die sich für die Tisch- und Raumdekoration ebenso eignen wie als originelle Mitbringsel und Geschenkanhänger. Ob bunt oder eher dezent in der Farbgebung, alles ist möglich, nur Mut! Auch Kinder aller Altersgruppen können an diesen Basteleien beteiligt werden – vom Falten über das Ausschneiden bis hin zum Aufkleben der Wackelaugen.

Ein herzliches Dankeschön für die Bereitstellung von Material an Rayher, Marpa Jansen, Ursus, Heyda und Marabu.
Meinem Sohn Raphael danke ich für die tollen Ideen und seine liebevolle Unterstützung.

Viel Spaß beim Basteln wünscht

Inhaltsverzeichnis

Material & Technik

Grundmaterial

Das hier angegebene Grundmaterial wird zur Fertigung aller in diesem Buch präsentierten Modelle benötigt und wurde bei den Materialangaben nicht noch einmal einzeln aufgeführt.

- *Transparentpapier*
- *Bleistift*
- *Lineal*
- *Schere*
- *Cutter*
- *Klebstoff*
- *evtl. Pinzette und Nagelschere*

Papiere

Für das Basteln von Hexentreppen eignet sich Tonpapier am besten. Es ist hervorragend zu falten und nicht zu dick, aber stabil genug. Die Farbauswahl bei Tonpapier ist riesengroß und lädt dazu ein, mit den Farben zu experimentieren. Praktisch für das Basteln von Hexentreppen sind auch Papierflechtstreifen. Hier ist die Auswahl an Farben zwar beschränkt, diese fertigen Streifen sind jedoch sinnvoll für all jene, die sich das Streifen schneiden sparen möchten. Die Flechtstreifen können aber auch mit selbst zugeschnittenen Tonpapierstreifen kombiniert werden.
Für die übrigen Motivteile ist Fotokarton sehr gut geeignet, er ist stabil und in vielen Farben erhältlich. Hier lassen sich sehr gut Restbestände verarbeiten, denn häufig werden nur kleine Mengen benötigt.

Werkzeug

Zweckmäßig beim Basteln mit Papier ist eine gute Schere. Beim Ausschneiden und Einritzen von Faltlinien ist ein Cutter unentbehrlich. Auch eine Nagelschere kann sehr nützlich sein, wenn sehr feine Schnitte ausgeführt werden müssen.
Für das Ankleben der kleinen Wackelaugen eignet sich übrigens eine Pinzette sehr gut.

Vorlagen übertragen

Das Transparentpapier auf die Vorlage legen und mit einem Bleistift alle Motivlinien nachzeichnen. Das Transparentpapier umdrehen und auf den entsprechenden Fotokarton legen. Mit Bleistift die Linien kräftig nachziehen, so dass sich die Konturen auf den Fotokarton abdrücken. Nun das übertragene Motiv entlang den Konturen sorgfältig ausschneiden.

Schablonen herstellen

Wird ein Motiv mehrfach benötigt, sollte eine Schablone hergestellt werden. Dazu die Vorlage, wie oben beschrieben, übertragen und ausschneiden. Diese dann auf festen Karton oder ein Stück Pappe kleben und ausschneiden.

Hinweis: *Bei den Vorlagen auf dem Vorlagenbogen gilt: Durchgezogene Linien sind Schneidelinien, gestrichelte Linien sind Faltlinien.*

Grundkurs Hexentreppe

Falten

1. Die Enden von zwei gleich langen und gleich breiten Tonpapierstreifen in einem rechten Winkel aufeinanderkleben.

2. Den unten liegenden Papierstreifen (rot) über den oberen Papierstreifen (orange) falten, dann den orangefarbenen über den roten Streifen legen.
Den Faltvorgang so oft wiederholen, bis die Hexentreppe die gewünschte Länge erreicht hat. Überstehendes Papier ggf. abschneiden, die beiden Streifenenden zusammenkleben.

Ankleben

3. Eine Hexentreppe in gewünschter Länge falten (siehe Schritt 1 und 2).
Den letzten Faltabschnitt (grün) am vorletzten Faltabschnitt (türkis) fixieren. Der letzte Teil der Hexentreppe (türkis) bleibt frei. Diese Lasche kann nun beklebt oder angeklebt werden (z. B. mit einem Kopfteil wie beim Tausendfüßler auf Seite 30 oder Armen wie beim Tintenfisch auf Seite 20).

Tipp: *Die Enden der Hexentreppe stets gut festhalten oder mit einer Büroklammer fixieren, bis der Kleber angezogen hat.*

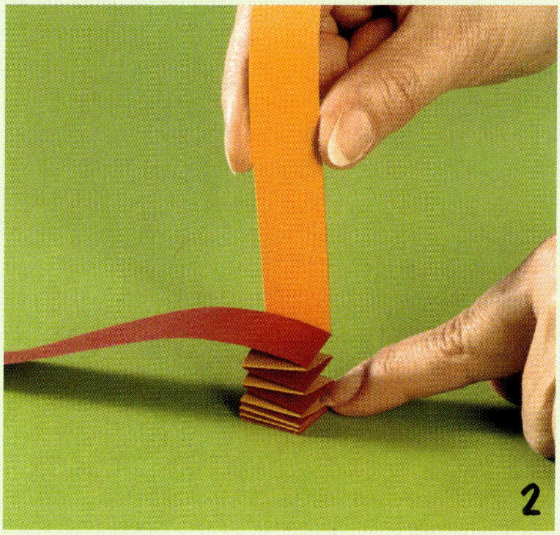

Tanzende Schmetterlinge

1. Drei Hexentreppen mit je einem Tonpapierstreifen in Orange und Dunkelorange, in Orange und Pink sowie in Pink und Rot arbeiten (siehe Grundkurs Seite 5).

2. Die Enden der Hexentreppe jeweils mit Klebstoff bestreichen und zu einer Rosette zusammenkleben. Fixieren, bis der Kleber angezogen hat. Die drei Rosetten zu einer Kette auf Nähgarn aufziehen und die Enden verknoten.

3. Die Flügel (Vorlage 1a und 1b) mit Transparentpapier vom Vorlagenbogen abpausen. Die großen Flügel auf den Fotokarton in Dunkelorange, die kleinen auf den Karton in Hellorange übertragen und ausschneiden.

4. Die kleineren Flügel mit weißen Pünktchen versehen, an den gestrichelten Linien (siehe Vorlage 1b) leicht einritzen, umfalten und mittig auf die größeren kleben.

5. Zwei der verbundenen Rosetten mittig auf den Schmetterling kleben. Die untere Rosette sollte locker herabhängen.

6. Den Kopf (Vorlage 1c) aus Fotokarton in Hellorange ausschneiden. Die Wackelaugen aufkleben, die Wangen und den Mund mit Dekostift aufmalen.

7. Die Mütze (Vorlage 1d) aus rotem Fotokarton schneiden und an den Kopf kleben. Für die Fühler die beiden Drahtstücke in Orange spiralig drehen und an die Rückseite des Kopfes kleben. Die beiden Rocailles an die Drahtfühler kleben.

8. Das kleine spitz zulaufende Eck am Kopf mit Kleber bestreichen und in die obere Rosette kleben. Den Gummifaden mittig an der Kopfrückseite fixieren.

9. Den blauen Schmetterling mit dem angegebenen Material ebenso fertigen.

Material

Für beide Modelle
- *Grundmaterial (siehe Seite 4)*
- *Je 2 Wackelaugen, Ø 7 mm*
- *unsichtbares Nähgarn, Nähnadel*
- *Dekomalstift in Weiß, Schwarz und Orange*

Für den Schmetterling in Orange
- *Tonpapierstreifen, 35 cm lang, 1 cm breit, je 1 in Rot und Dunkelorange, je 2 in Pink und Orange*
- *Fotokarton in Hellorange, Dunkelorange und Rot*
- *Schmuckdraht in Orange, Ø 0,5 mm, 2-mal 6 cm lang*
- *2 Rocailles in Rot, Ø 2 mm*
- *Gummifaden in Rot, Ø 1 mm, 30 cm*

Für den Schmetterling in Blau
- *Tonpapierstreifen, 35 cm lang, 1 cm breit, je 1 in Weiß und Dunkelblau, je 2 in Hellblau und Mittelblau*
- *Fotokarton in Hellblau, Mittelblau und Dunkelblau*
- *Schmuck-Häkeldraht in Hellblau, Ø 0,3 mm, 2-mal 6 cm lang*
- *2 Rocailles in Türkis, Ø 2 mm*
- *Gummifaden in Mittelblau, Ø 1 mm, 30 cm*

Vorlagen 1 a–d, Bogen A

Molli & Waldi

1. Für den Hund aus den Tonpapierstreifen in Hellbraun und Braun eine Hexentreppe arbeiten (siehe Grundkurs, Seite 5, Schritt 1 und 2). Kopf- und Schwanzteile einmal, das Ohr zweimal aus braunem Fotokarton ausschneiden, die Beine zweimal fertigen. Das Gesicht mit Dekostiften gestalten.

2. Die Kopfteile an den markierten Stellen (siehe Vorlage) leicht einritzen und umfalten. Die beiden Kopfteile aufeinanderkleben und dabei darauf achten, dass die umgefalteten Teile klebstofffrei bleiben. Trocknen lassen, eventuell überstehende Ränder wegschneiden. Die klebstofffreien Teile nun mit Klebstoff bestreichen und an ein Ende der Hexentreppe kleben. Die Ohren mit einem Tropfen Klebstoff am Kopf befestigen.

3. Die Schwanzteile ebenso falten und verkleben wie die Kopfteile. Die aufgeklappten Teile mit Klebstoff bestreichen und am freien Ende der Hexentreppe anbringen.

4. Die Beine an den Markierungen (siehe Vorlage) leicht einritzen. Die eckigen Beinteile mit Klebstoff bestreichen und zwischen den Abschnitten des Körpers fixieren. Darauf achten, dass Hinter- und Vorderbeine so nah wie möglich aneinandergeklebt werden. Den Gummifaden als Hundeleine umbinden.

5. Für die Katze mit den grauen Tonpapierstreifen eine Hexentreppe arbeiten. Kopf-, Schwanzteile und Beine (Vorlage 3 a–d) aus grauem Fotokarton ausschneiden: Kopf- und Schwanzteile je einmal, die Beine zweimal. Das Gesicht mit Dekostiften aufmalen.

6. Die Beine und beide Schwanzteile mit weißem Dekostift bemalen, siehe Abbildung. Kopf- und Schwanzteile der Katze werden wie beim Hund (Schritt 2 und 3) an den jeweils auf den Vorlagen markierten Stellen eingeritzt, umgefaltet und jeweils aufeinandergeklebt. Die umgefalteten Teile mit Klebstoff bestreichen und vorn und hinten an der Hexentreppe fixieren.

7. Die Beine an den markierten Stellen leicht einritzen. Die eckigen Beinteile mit Kleber bestreichen und zwischen die Hexentreppenabschnitte kleben (siehe Schritt 4).

8. Den Gummifaden mit dem Glöckchen als Halsband umbinden. Für die Schnurrbarthaare mit einer Stopfnadel drei kleine Löcher in das Katzengesicht stechen und drei Silberdrahtstücke durchschieben.

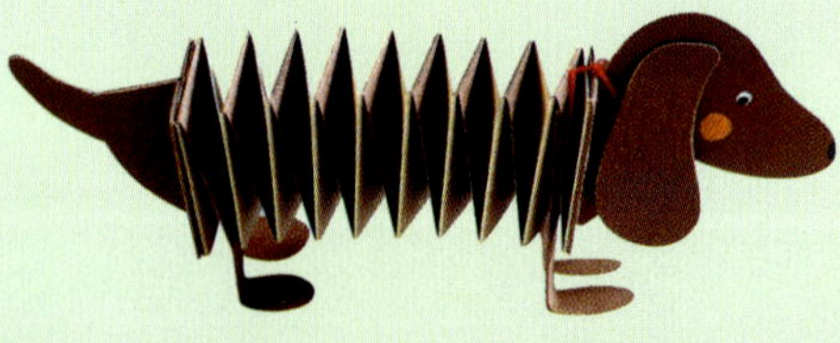

Material

Für beide Modelle

- *Grundmaterial (siehe Seite 4)*
- *Dekomalstift in Weiß, Schwarz und Orange*

Für den Hund

- *Tonpapierstreifen, 33 cm lang, 2 cm breit, je 1 in Braun und Hellbraun*
- *Fotokarton in Braun*
- *Gummifaden in Rot, Ø 1 mm, 15 cm lang*

Für die Katze

- *Tonpapierstreifen, 31 cm lang, 2 cm breit, je 1 in Grau und Weiß*
- *Fotokarton in Grau*
- *Gummifaden in Rot, Ø 1 mm, 10 cm lang*
- *Metallglöckchen in Silber, Ø 9 mm*
- *Silberdraht, Ø 1 mm, 3-mal 3 cm lang*
- *Stopfnadel o. Ä.*

Vorlagen 2 a–g und 3 a–f, Bogen A

Aliens im Anflug

1. Für den roten Alien die Vorlagen für Kopf, Bauch und Fuß (4 a–c) mit Transparentpapier vom Vorlagenbogen abpausen, auf roten Fotokarton übertragen und ausschneiden (siehe Seite 4, Vorlagen übertragen): Kopf und Bauch je einmal, den Fuß sechsmal fertigen.

2. Nun mit dem Dekostift in Orange den Bauch mit Punkten oder einem anderen beliebigen Muster versehen. Die Wackelaugen aufkleben und mit dem weißen Dekostift Mund und Nasenlöcher aufmalen.

3. Die Vorlage für das Innenohr (4d) abpausen, zweimal auf weißen Fotokarton übertragen, ausschneiden und aufkleben.

4. Den Kopf am Bauch fixieren. Aus dem Fotokarton in Silber das „Halsband" zuschneiden und ankleben.

5. Sechs Hexentreppen arbeiten. Dazu jeweils zwei Tonkartonstreifen zusammenkleben und zu einer Hexentreppe falten (siehe Grundkurs Seite 5, Schritt 1 und 2). Das Ende der Hexentreppe so zusammenkleben, dass ein Stück frei bleibt (siehe Grundkurs Seite 5, Schritt 3). Die Hexentreppe mit dieser Lasche an der Rückseite des Aliens befestigen. An das Ende jeder Hexentreppe einen Fuß anbringen.

6. Die beiden Aludrahtstücke spiralartig formen, mit Klebstoff an die Rückseite des Alienkopfes kleben und auf das Ende eines Aludrahtstücks jeweils einen Pompon anbringen. Den Gummifaden als Aufhängung mittig an der Rückseite des Kopfes befestigen.

7. Den grünen Alien mit dem unten angegebenen Material auf die gleiche Weise fertigen. Hier werden jedoch die Hexentreppen aus je einem Tonpapierstreifen in Grün und Türkis gearbeitet.

Tipp: *Witzig wirken auch „geblümte" Aliens. Dafür einfach Fotokarton mit Blumenmuster verwenden.*

Material

Für beide Modelle

- *Grundmaterial (siehe Seite 4)*
- *je 2 Wackelaugen, Ø 12 mm*
- *Dekomalstift in Weiß*

Alien in Rot

- *12 Tonpapierstreifen in Rot, 30 cm lang, 1 cm breit*
- *Fotokarton in Rot, Silber und Weiß*
- *Aludraht in Rot, Ø 2 mm, 2-mal 5 cm lang*
- *2 Metallic-Pompons in Orange, Ø 15 mm*
- *Gummifaden in Rot, Ø 1 mm, 30 cm lang*
- *Dekomalstift in Orange*

Alien in Grün

- *Tonpapierstreifen, 30 cm lang, 1 cm breit, je 6 in Grün und Türkis*
- *Fotokarton in Grün*
- *Aludraht in Grün, Ø 2 mm, 2-mal 5 cm lang*
- *2 Pompons in Hellblau, Ø 1 cm*
- *Gummifaden in Mittelblau, Ø 1 mm, 30 cm lang*

Vorlagen 4 a–d, Bogen A

Bunte Krabbeltierchen

1. Für das orangefarbene Tierchen sechs Hexentreppen arbeiten. Dazu jeweils einen Tonpapierstreifen in Orange und Rot zusammenkleben und zu einer Hexentreppe falten. Die Enden miteinander verkleben (siehe Grundkurs Seite 5, Schritt 1 bis 3).

2. Die Vorlage für den Fuß (Vorlage 5a) mit Transparentpapier vom Vorlagenbogen abpausen, sechsmal auf den Fotokarton in Dunkelorange übertragen und ausschneiden (siehe Seite 4, Vorlagen übertragen). Jeweils einen Fuß an eine Hexentreppe kleben.

3. Den Körper (Vorlage 5b) auf Fotokarton in Hellorange übertragen und ausschneiden. Die Wackelaugen auf das Gesicht kleben, Mund, Nasenlöcher und Wangen mit den Dekomalstiften aufmalen.

4. Das Kreuz (Vorlage 5c) auf den Fotokarton in Dunkelorange übertragen, ausschneiden und auf dem Körper anbringen. Die Beine gleichmäßig verteilt an den Körper kleben (siehe Abbildung).

5. Zum Schluss mit dem Locher ein oder zwei kleine Kreise aus dem Fotokarton in Hellorange ausstanzen und auf das Kreuz kleben.

6. Das blaue Tierchen wird auf die gleiche Weise mit dem unten angegebenen Material gefertigt.

Tipp: *Dieses Krabbeltierchen eignet sich auch hervorragend als Halloween-Dekoration. Dazu acht Hexentreppen-Beine in Schwarz und einen Körper in Orange oder Giftgrün arbeiten. Einen Faden durch die Körpermitte ziehen und als Spinne aufhängen.*

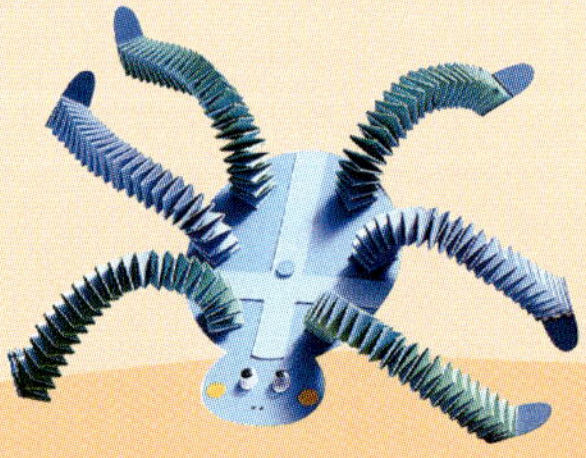

Material

Für beide Modelle
- *Grundmaterial (siehe Seite 4)*
- *je 2 Wackelaugen, oval, Ø 8 mm*
- *Dekomalstift in Schwarz und Orange*
- *Locher*

Für das Krabbeltier in Orange
- *Tonpapierstreifen, 50 cm lang, 1 cm breit, je 6 in Orange und Rot*
- *Fotokarton in Hellorange und Dunkelorange*

Für das Krabbeltier in Blau
- *Tonpapierstreifen, 50 cm lang, 1 cm breit, je 6 in Türkis und Grün*
- *Fotokarton in dunklem und hellem Türkis*

Vorlagen 5 a–c, Bogen A

Rennschnecke im Pilzwald

1. Für das Schneckenhaus aus den jeweils gleich großen Tonpapierstreifen drei Hexentreppen arbeiten (siehe Grundkurs Seite 5, Schritt 1 und 2) und die Enden der Treppen jeweils zusammenkleben. Die so entstandenen Ringe und die Rosette zum Schneckenhaus ineinanderkleben (siehe Abbildung). Nach jedem Klebevorgang gut andrücken, bis der Kleber angezogen hat.

2. Die Vorlage für den Schneckenkörper (Vorlage 6) mit Transparentpapier vom Vorlagenbogen abpausen, zweimal auf den Fotokarton in Orange übertragen und ausschneiden (siehe Seite 4, Vorlagen übertragen).

3. Aus Fotokarton in Dunkelorange 0,7 cm breite und ca. 3 cm lange Streifen schneiden und gleichmäßig verteilt auf die Schneckenkörper kleben. Überstehenden Karton wegschneiden.

4. Mit den Dekostiften das Gesicht aufmalen. Mit der Stopfnadel zwei kleine Löcher durch den Kopf stechen. Die Drahtstücke durch die Löcher schieben und an der Rückseite des Kopfes mit einem Tropfen Klebstoff befestigen. Die Rocailles an die Drahtenden kleben.

5. Die beiden Schneckenkörper jeweils auf die Vorder- und Rückseite des Schneckenhauses kleben. Die losen Kopf- und Hinterteile leicht zusammenbiegen.

6. Für einen Fliegenpilz die Tonpapierstreifen zu einer Hexentreppe falten und so verkleben, dass ein Streifenende frei bleibt, an dem der Pilzhut angebracht werden kann (siehe Grundkurs Seite 5, Schritt 3).

7. Den Pilzhut (Vorlage 7) aus rotem Fotokarton ausschneiden, mit weißen Punkten verzieren und an das Ende der Hexentreppe kleben. Für die Grashalme dünne Streifen aus grünem Fotokarton zuschneiden, an der Unterseite des Pilzes anbringen und nach oben umknicken.

Material

Für alle Modelle
- *Grundmaterial (siehe Seite 4)*

Für die Schnecke
- *Tonpapierstreifen, 35 cm lang, 1 cm breit, je 1 in Gelb und Orange*
- *Tonpapierstreifen, 50 cm lang, 1 cm breit, je 1 in Orange und Rot*
- *Tonpapierstreifen, 75 cm lang, 1 cm breit, je 1 in Rot und Pink*
- *Fotokarton in Orange und Dunkelorange*
- *Dekomalstift in Schwarz, Orange und Rot*
- *Schmuck-Häkeldraht in Rot, Ø 0,3 mm, 2-mal 6 cm lang*
- *2 Rocailles in Pink, Ø 4 mm*
- *Stopfnadel o. Ä.*

Für einen Fliegenpilz
- *2 Tonpapierstreifen in Weiß, 33 cm lang, 2 cm breit*
- *Fotokarton in Rot und Grün*
- *Dekomalstift in Weiß*

Vorlagen 6 und 7, Bogen A

Mini-Monster

1. Für den Körper des blauen Monsters drei Hexentreppen in Türkis fertigen. Dazu jeweils zwei Tonpapierstreifen zusammenkleben, zu einer Hexentreppe falten und die Enden miteinander verbinden (siehe Grundkurs Seite 5).

2. Dann die Enden der Hexentreppen mit Klebstoff bestreichen und zu jeweils einer Rosette zusammenfügen. Fixieren, bis der Kleber angezogen hat. Die drei Rosetten mittig mit Klebstoff bestreichen und aneinanderkleben. Trocknen lassen.

3. Die Vorlagen für Kopf und Beinteile des Monsters (Vorlage 8 a–c) abpausen, je zweimal auf Fotokarton in Türkis übertragen und ausschneiden. Die Beinteile an den gestrichelten Linien ganz leicht mit dem Cutter einritzen und die Füße umfalten.

4. Einen der beiden Köpfe an der markierten Stelle (siehe Vorlage) leicht einritzen und umfalten. Die Wackelaugen an den Kopf mit der Faltung kleben und die Nasenlöcher mit dem Dekostift aufmalen. Den oberen Teil des gefalteten Kopfes möglichst deckungsgleich auf den zweiten Kopf kleben.

5. Die Zunge (Vorlage 8d) auf roten Fotokarton übertragen und ausschneiden (siehe Seite 4, Vorlagen übertragen). Vier Zähne (Vorlage 8e) aus weißem Fotokarton ausschneiden. Zwei der Zähne ca. 3 mm vom breiten Rand einritzen und umfalten; dieser Teil dient als Klebefläche.

6. Das Maul des Monsters, d. h. den unteren Teil des gefalteten Kopfteils, hochklappen, die Zunge unten und die Zähne oben in den Rachen des Monsters kleben. Die Zunge in eine leichte Kurve biegen, damit sie nach oben absteht.

7. Für den Körper das Rosettenteil zwischen die beiden Beinteile kleben, gut trocknen lassen. Den Kopf an einem Ende des Körpers anbringen. Aus den Tonpapierstreifen in Blau und Hellblau eine Hexentreppe fertigen. Den Pfeilschwanz (Vorlage 8f) aus Fotokarton in Türkis ausschneiden und an ein Ende der Hexentreppe kleben. Den fertigen Schwanz hinten am Monsterkörper befestigen.

8. Das schwarze Monster mit dem unten angegebenen Material ebenso arbeiten.

Material

Für beide Modelle
- *Grundmaterial (siehe Seite 4)*
- *je 2 Wackelaugen, Ø 12 mm*
- *Dekomalstift in Weiß*

Für das blaue Monster
- *Fotokarton in Türkis, Rot und Weiß*
- *6 Tonpapierstreifen in Türkis, 90 cm lang, 2 cm breit*
- *Tonpapierstreifen, 50 cm lang, 1 cm breit, je 1 in Blau und Hellblau*

Für das schwarze Monster
- *Fotokarton in Schwarz, Rot und Weiß*
- *6 Tonpapierstreifen in Schwarz, 90 cm lang, 2 cm breit*
- *2 Tonpapierstreifen in Schwarz, 50 cm lang, 1 cm breit*

Vorlagen 8 a–f, Bogen A

Schreck aus der Schachtel

1. Zunächst die Schachtel fertigen. Dazu die Vorlagen für Schachtel und Deckel (Vorlage 9a und b) mit Transparentpapier vom Vorlagenbogen abpausen, auf schwarzen Fotokarton übertragen und ausschneiden (siehe Seite 4, Vorlagen übertragen). Beide Teile auf den gestrichelten Linien sachte einritzen und anschließend umfalten. Die Klebeflächen mit Klebstoff bestreichen und Schachtel und Deckel jeweils zusammenkleben.

2. In die Mitte des Deckels mit dem Cutter einen kleinen Schlitz schneiden und das rote Band so durchziehen, dass auf der Außenseite des Deckels ein kleine Schlaufe entsteht. Die Bandenden an der Innenseite festkleben. Aus schwarzem Fotokarton ein 4,5 x 4,5 cm großes Quadrat schneiden und in das Deckelinnere kleben, sodass das verklebte Band verdeckt ist.

3. Den Flammenrand (Vorlage 9c) je einmal auf Fotokarton in Rot und Orange übertragen und ausschneiden. Den orangefarbenen Flammenrand leicht versetzt auf den roten kleben und den unten überstehenden orangefarbenen Rand wegschneiden. Die Flammen um den unteren Schachtelrand kleben.

4. Nun für den Teufel aus den Tonpapierstreifen eine Hexentreppe arbeiten (siehe Grundkurs Seite 5, Schritt 1 bis 3). Die Enden der Hexentreppe so verkleben, dass ein Streifenende frei bleibt, an dem der Teufelskopf angebracht werden kann. Dieses Streifenende nach oben umfalten.

5. Den Kopf (Vorlage 9d) auf roten Fotokarton übertragen und ausschneiden. Die Wackelaugen aufkleben. Nase und Mund des Teufels mit dem schwarzen Dekostift aufmalen. Die Hörner und den Bart mit schwarzem Fotokarton bekleben und überstehenden Karton wegschneiden.

6. Den Kopf am umgefalteten Ende der Hexentreppe befestigen. Die Hexentreppe so in die Schachtel kleben, dass der Teufelskopf schräg in der Schachtel liegt.

7. Zum Schluss die Schachtel mit Seidenpapierschnipseln füllen, den Teufel behutsam in die Schachtel hineindrücken und die Schachtel mit dem Deckel schließen.

Material

- Grundmaterial (siehe Seite 4)
- Tonpapierstreifen, 50 cm lang, 2 cm breit, je 1 in Orange und Rot
- Fotokarton in Rot, Schwarz und Orange
- 2 Wackelaugen, Ø 7 mm
- Geschenkband in Rot, 10 cm lang, 0,5 cm breit
- Dekomalstift in Schwarz
- Seidenpapier farblich passend

Vorlagen 9 a–d, Bogen A

Star der Tiefsee

1. Dieser Tintenfisch hat zwölf lange Arme. Für die Arme aus jeweils zwei unterschiedlich blauen Tonpapierstreifen eine Hexentreppe arbeiten (siehe hierzu den Grundkurs Seite 5, Schritt 1 bis 3). Die Enden der Hexentreppen so verkleben, dass ein Streifenende frei bleibt, an dem der Tintenfischkopf angeklebt werden kann.

2. Die Vorlage für die Füße (Vorlage 10a) mit Transparentpapier vom Vorlagenbogen abpausen, zwölfmal auf Fotokarton in den Blautönen übertragen und ausschneiden (siehe Seite 4, Vorlagen übertragen).

3. Mit dem Dekomalstift die Füße mit Punkten verzieren. Dann die Füße jeweils an die Hexentreppen kleben.

4. Die Vorlage für den Tintenfischkopf (Vorlage 10b) auf Fotokarton in Türkis übertragen und ausschneiden. Anschließend die Wackelaugen auf das Gesicht kleben und mit dem weißen Dekomalstift rings um das Gesicht Punkte aufmalen, siehe Abbildung.

5. Zwei Wangen (Vorlage 10c) auf Fotokarton in Orange übertragen, ausschneiden und auf das Gesicht kleben.

6. Das Satinband mittig an die Rückseite des Kopfes kleben. Die freien Enden der Hexentreppen mit Klebstoff bestreichen und die Treppchen an der Rückseite des Tintenfischkopfs befestigen.

Tipp: *Wer möchte, kann auch einen Tintenfisch mit vielen unterschiedlich farbigen Armen und einem bunten Kopf aus gemustertem Fotokarton basteln. Außerdem können noch kleine Seesterne, Muscheln und Algen aus Fotokarton ausgeschnitten und auf die Arme geklebt werden.*

Material

- *Grundmaterial (siehe Seite 4)*
- *Tonpapierstreifen, 50 cm lang, 1 cm breit, 6 in Weiß, je 4 in Hellblau, Mittelblau, Dunkelblau und Türkis, 2 in Helltürkis*
- *Fotokarton in Türkis, Hellblau, Mittelblau, Dunkelblau und Orange*
- *Dekomalstift in Weiß*
- *2 Wackelaugen, oval, Ø 15 mm*
- *Satinband in Grün, 30 cm lang, 0,5 cm breit*

Vorlagen 10 a–c, Bogen A

Treffpunkt Kokospalme

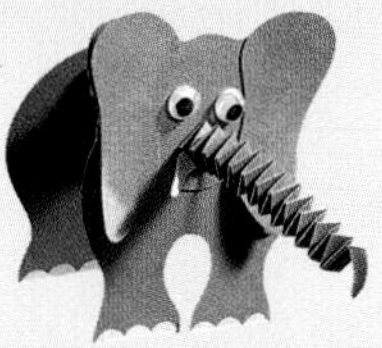

1. Elefant: Eine große Hexentreppe für den Körper und zwei kleine für den Rüssel arbeiten, diese aneinanderkleben. Vorlagen 11a bis 11e auf Fotokarton in Grau übertragen, das Ohr zweimal, die anderen Motive einmal ausschneiden. Die Rüsselspitze (11e) an das Rüsselende kleben. An den Beinen die weißen Nägel aufmalen. Die Ohren an den Kopf kleben. Wackelaugen anbringen. Stoßzähne (11f) aus weißem Karton ausschneiden, unter den Rüssel schieben und beides zusammen in das Gesicht kleben. Die große Hexentreppe zwischen Vorder- und Hinterteil, den Schwanz am Hinterteil anbringen. Den Ast (11g) auf braunen, fünf Blätter (11h) auf grünen Karton übertragen und ausschneiden. Die Blätter am Ast fixieren und diesen unter der Rüsselspitze anbringen.
Den kleinen Elefanten mit dem angegebenen Material und den Vorlagen 12 a–d ebenso fertigen.

2. Zebra: Eine Hexentreppe fertigen. Vorlagen 13a bis 13d auf Karton mit Zebramuster übertragen und ausschneiden. Die Kopfteile an den gestrichelten Linien leicht einritzen, umfalten und so aufeinanderkleben, dass die umgeklappten Teile klebstofffrei bleiben. Nun diese Teile mit Kleber versehen und an ein Ende der Hexentreppe kleben. Das Vorderteil mit dem Schlitz (13d) so an das Zebra kleben, dass der Kopf im Schlitz liegt. Das Hinterteil an das Ende der Hexentreppe kleben. Vorlagen 13e bis 13g auf schwarzen Karton übertragen, die Mähne zweimal, den Schwanz einmal ausschneiden. Die Mähnen einschneiden (siehe Abbildung) und beidseitig an den Kopf kleben. Wackelaugen aufkleben, Mund aufmalen. Schwanzspitze mehrfach einschneiden und an das Hinterteil kleben.

3. Palmeninsel: Je zwei Hexentreppen arbeiten, die größere bildet den unteren Teil der Palme, die kleinere wird auf die größere geklebt und bildet die Spitze. Die Palmenblätter (Vorlage 14a und b) je fünfmal auf hell- und dunkelgrünen Karton übertragen und ausschneiden. Einige Blätter mit der Zackenschere zuschneiden. Die obere Spitze der Hexentreppe zur Hälfte umklappen und die Palmenblätter an dieses abstehende Dreieck kleben, dann die Blätter vorsichtig auseinanderbiegen. Die Kokosnüsse (Vorlage 14c) aus braunem Karton zuschneiden und an die Palme kleben. Die Insel (Vorlage 14d) aus hellbraunem Karton fertigen und mit weißen Punkten versehen. Die Palmen auf die Insel kleben.

Material

Für alle Modelle
- *Grundmaterial (siehe Seite 4)*

Für einen Elefanten
- *Tonpapierstreifen in Grau, je 2 Streifen: 27 cm lang, 1,2 cm breit, 25 cm lang, 1 cm breit, 50 cm lang, 4 cm breit (für den kleinen Elefanten: 23 cm lang, 2 cm breit, je 1 in Schwarz und Weiß)*
- *Fotokarton in Grau, Weiß, Braun und Grün*
- *Dekomalstift in Weiß*
- *je 2 Wackelaugen, Ø 7 mm*

Für das Zebra

- *Tonpapierstreifen, 23 cm lang, 2 cm breit, je 1 in Schwarz und Weiß*
- *Fotokarton in Schwarz und mit Zebramuster*
- *Dekomalstift in Rot*
- *2 Wackelaugen, Ø 7 mm*

Für die Insel mit Palmen

- *Je Palme 2 Tonpapierstreifen in Braun, 25 cm lang, 2 cm breit und 18 cm lang, 1,5 cm breit*
- *Fotokarton in Hellgrün, Dunkelgrün, Braun und Hellbraun*
- *Dekomalstift in Weiß, Zackenschere*

Vorlagen 11 a–h, 12 a–d, 13 a–g und 14 a–d, Bogen B

Alle Vögel sind schon da

1. Je Vogel aus den Tonpapierstreifen in Rot und Orange zwei Hexentreppen fertigen (siehe Grundkurs Seite 5, Schritt 1 und 2), dabei immer einen Streifen in Rot und einen in Orange zusammen verarbeiten.

2. Die Vorlage für die Füße (Vorlage 15a) mit Transparentpapier vom Vorlagenbogen abpausen, zweimal auf roten Fotokarton übertragen (siehe Seite 4, Vorlagen übertragen), ausschneiden und je einen Fuß an das Ende einer Hexentreppe kleben.

3. Aus Karton in Orange den Vogelkörper (Vorlage 15b) schneiden. Schnabel und Wangen mit Dekostift gestalten. Die Wackelaugen ankleben. Die Beine seitlich an den Körper kleben.

4. Vier Flügel (Vorlage 15c) auf Karton in Gelb, Rot, Rosa und Orange übertragen und ausschneiden. Die Flügel an einer Seite mehrfach einschneiden (siehe Vorlage). Auf beide Seiten des Vogels leicht versetzt jeweils zwei Flügel aufkleben.

5. Die Schwanzfeder (Vorlage 15d) aus gelbem Karton anfertigen und ebenfalls mehrmals einschneiden. Die Feder an der Spitze einschneiden und mit einem Tropfen Kleber am Vogel befestigen.

6. In die Mitte des Vogels ein kleines Loch bohren. Einen etwa 25 cm langen Gummifaden durch das Loch ziehen und gut verknoten.

7. Für ein Wölkchen aus weißem Karton zwei Formen (Vorlage 15e) zuschneiden. Das Ende eines etwa 25 cm langen Gummifadens mittig auf eine der Wolkenformen kleben und die zweite Wolke darauf fixieren.

8. Die Rundhölzer rot anmalen, trocknen lassen. Über Kreuz aufeinanderlegen und mit Holzkleber fixieren. Die Kreuzungsstelle mit Gummifaden umwickeln und das Ende als Aufhängung verwenden. Vögelchen und Wölkchen schön verteilt am Mobile befestigen. Durch Hin- und Herschieben das Mobile ausbalancieren.

Material

Für alle Modelle
- *Grundmaterial (siehe Seite 4)*
- *Gummifaden in Rot, Ø 1 mm, ca. 25 cm je Vogel und Wölkchen, ca. 50 cm für das Mobile*

Für einen Vogel
- *Tonpapierstreifen, 35 cm lang, 1,5 cm breit, je 2 in Orange und Rot*
- *Fotokarton in Orange, Rot, Gelb und Rosa*
- *Dekomalstift in Rot und Orange*
- *2 Wackelaugen, Ø 7 mm*
- *Stopfnadel*

Für die Wölkchen
- *Fotokarton in Weiß*
- *Stopfnadel*

Für das Mobile
- *2 Rundhölzer, Ø 1 cm, 45 cm lang*
- *Plakatfarbe in Rot*
- *Holzkleber*
- *Pinsel*

Vorlagen 15 a–e, Bogen A

Unvergängliche Blütenpracht

1. Blumen im Töpfchen: Aus den Tonpapierstreifen in Grün und Türkis eine Hexentreppe fertigen (siehe Grundkurs Seite 5, Schritt 1 und 2). Die Blüte (Vorlage 16a) je einmal aus Tonpapier in Rot, Orange und Gelb ausschneiden. Die Blütenblätter leicht hochbiegen und jeweils in der Mitte aufeinanderkleben. Eine große und eine kleine Blütenmitte (16b und 16c) auf Tonpapier übertragen, ausschneiden und in die Blüte kleben; die Blütenmitten sollten stets eine andere Farbe als die Blütenschicht haben, deren Mitte sie bilden. Die fertige Blüte an ein Ende der Hexentreppe kleben. Aus grünem Karton drei Blätter (Vorlage 16d) zuschneiden und diese zwischen die Hexentreppenabschnitte kleben. Die gewünschte Anzahl Blumen arbeiten. Das Töpfchen in Rot mit weißen Punkten gestalten.

2. Blumen im Kästchen: Aus den Tonpapierstreifen in Rot und Orange eine Hexentreppe arbeiten. Die Enden der Hexentreppe zu einer Rosette verkleben. Aus grünem Karton den Stiel und ein Blatt (Vorlage 17a und b) schneiden. Die Stielspitze zwischen zwei Abschnitte der Rosette kleben. Das Blatt in der Mitte leicht einritzen, falten und an den Stiel kleben. Die gewünschte Anzahl Blumen arbeiten und in einem Dekoblumenkasten oder einer Vase arrangieren.

3. Biene: Aus den Tonpapierstreifen in Gelb und Schwarz eine Hexentreppe fertigen. Aus dem gelben Karton den Kopf (Vorlage 18a), aus schwarzem Karton die Mütze (Vorlage 18b) schneiden. Die Mütze auf den Kopf kleben. Das Gesicht aufmalen. Aus schwarzem Karton zwei dünne, ca. 4 cm lange Streifen schneiden und als Fühler an die Kopfrückseite kleben. Die Perlen an den Fühlern anbringen. Aus gelbem Karton zwei Stacheln (Vorlage 18c) schneiden. Die Teile an der gestrichelten Linie leicht einritzen und falten. Die Stacheln, bis auf die umgefalteten Flächen aufeinanderkleben. Diese Flächen hinten an den Körper kleben. Aus dem weißen Karton zwei Flügel (Vorlage 18d) schneiden und mittig zwischen den Abschnitten des Körpers anbringen.

Material

Für alle Modelle
- *Grundmaterial (siehe Seite 4)*

Für eine Blume im Töpfchen
- *Tonpapierstreifen, 50 cm lang, 1 cm breit, je 1 in Grün und Türkis*
- *Tonpapier in Gelb, Orange, Rot und Rosa*
- *Fotokarton in Hell- und Dunkelgrün*
- *Blumentöpfchen, Ø ca. 6 cm*
- *Plakatfarbe in Rot*
- *Pinsel*
- *Dekomalstift in Weiß*

Für eine Blume im Kästchen
- *Tonpapierstreifen, 50 cm lang, 2 cm breit, je 1 in Orange und Rot und nach Geschmack*
- *Fotokarton in Hell- und Dunkelgrün*

Für eine Biene
- *Tonpapierstreifen, 35 cm lang, 1,5 cm breit, je 1 in Gelb und Schwarz*
- *Fotokarton in Gelb, Weiß und Schwarz*
- *Dekomalstift in Schwarz, Weiß und Orange*
- *2 Rocailles in Schwarz, Ø 2 mm*

Vorlagen 16 a–d, 17 a–b und 18 a–d, Bogen B

Leuchtender Glückskäfer

1. Sechs Hexentreppen in Schwarz arbeiten (siehe Grundkurs Seite 5).

2. Die Vorlage für die Schuhe (Vorlage 19a) mit Transparentpapier vom Vorlagenbogen abpausen, sechsmal auf roten Fotokarton übertragen und ausschneiden (siehe Seite 4, Vorlagen übertragen). Die Schuhe jeweils an den gestrichelten Linien gemäß Vorlage leicht einritzen und umfalten. Das umgefaltete Stück bildet die Klebefläche. Mit weißem Dekostift Muster auf die Schuhe malen, siehe Abbildung. Die Schuhe an je ein Ende der Hexentreppen kleben.

3. Den Käferkörper (Vorlage 19b) zweimal auf schwarzen Fotokarton übertragen und ausschneiden. Den eingezeichneten Innenkreis jeweils ausschneiden und mit rotem Transparentpapier hinterkleben.

4. Den Flügel (Vorlage 19c) viermal auf roten Fotokarton übertragen, ausschneiden und gemäß Foto am Körper fixieren. Für die Punkte zehn kleine Kreise (Vorlage 19d) aus schwarzem Karton zuschneiden und gut verteilt auf die Flügel kleben.

5. Die Vorlage für die Wangen (Vorlage 19e) viermal auf Fotokarton in Orange übertragen, ausschneiden und auf dem Käferkopf anbringen. Die Wackelaugen aufkleben und den Mund mit rotem Dekostift aufmalen.

6. Zwei Fühler (Vorlage 19f) aus schwarzem Fotokarton ausschneiden, mit weißem Dekostift kleine Querstreifen aufmalen und hinter dem Kopf fixieren. Die Pompons an die Fühlerspitzen kleben.

7. Aus schwarzem Karton das Laternen-Zwischenstück (Vorlage 19g) schneiden, an den markierten Stellen leicht einritzen und einschneiden. Die eingeschnittenen Teile umfalten, sie dienen als Klebefläche. Das Zwischenstück zwischen den beiden Körpern fixieren.

8. Den Teelichthalter mittig in die Laterne kleben. An den beiden oberen Rändern des Zwischenstücks jeweils ein kleines Loch bohren und den Laternenbügel einhängen. Die Hexentreppen-Beinchen gleichmäßig verteilt an das Zwischenstück kleben (siehe Abbildung), den Kleber gut durchtrocknen lassen.

Achtung: *Die Laterne nie unbeaufsichtigt brennen lassen!*

Material

- *Grundmaterial (siehe Seite 4)*
- *12 Tonpapierstreifen in Schwarz, 50 cm lang, 1,5 cm breit*
- *Fotokarton in Schwarz, Rot und Orange*
- *4 Wackelaugen, Ø 12 mm*
- *2 Pompons in Schwarz, Ø 20 mm*
- *Transparentpapier in Rot*
- *Dekomalstift in Weiß*
- *Teelichthalter für Laternen, Ø 4 cm*
- *Laternenbügel aus Draht*
- *Teelicht*
- *Stopfnadel o. Ä.*

Vorlagen 19 a–g, Bogen B

Tausendstiefler

1. Für den Körper des Tausendfüßlers aus den jeweils gleich großen Tonpapierstreifen drei Hexentreppen fertigen (siehe Grundkurs Seite 5, Schritt 1 und 2). Die drei unterschiedlich großen Hexentreppen in absteigender Größe aneinanderkleben.

2. Die Vorlage für die Stiefel (Vorlage 20a und b) mit Transparentpapier vom Vorlagenbogen abpausen, insgesamt zwölfmal auf Fotokarton in Gelb- und Rottönen übertragen und ausschneiden (siehe Seite 4, Vorlagen übertragen). Anschließend mit dem weißen Dekomalstift alle Stiefelchen mit einem Punktmuster versehen.

3. Nun die Stiefel an der markierten Stelle (gestrichelte Linie, siehe Vorlage) ganz leicht mit dem Cutter einritzen und dann umfalten. Das umgefaltete Stück ist die Klebefläche, diese mit Klebstoff bestreichen und in gleichmäßigen Abständen zwischen die Abschnitte des Körpers kleben.

4. Den Kopf (Vorlage 20c) einmal auf Fotokarton in Türkis übertragen und ausschneiden. Dann das Gesicht gestalten: Die Wackelaugen fixieren und mit dem roten Dekomalstift einen Mund aufmalen. Die Wangen (Vorlage 20d) zweimal auf Fotokarton in Orange übertragen, ausschneiden und aufkleben.

5. Am oberen Rand des Kopfes mit der Stopfnadel zwei kleine Löcher stechen und den Schmuckdraht bis zur Mitte durchziehen. Die Drahtenden leicht miteinander verdrehen, siehe Abbildung, und die Enden jeweils leicht nach außen biegen.

6. Mit einem Tropfen Klebstoff die Rocailles an den Drahtenden befestigen. Jetzt den fertigen Kopf an das Ende der Hexentreppe kleben.

Tipp: *Zum Tausendfüssler kann noch ein großes Blatt gebastelt werden. Dazu frei Hand ein Blatt, das fast so lang ist wie der Tausendfüssler, auf grünen Tonkarton zeichnen, ausschneiden, in der Mitte längs falten und wieder entfalten. Nun noch ein oder zwei große Löcher hineinschneiden, durch die man das Tierchen kriechen lassen kann.*

Material

- *Grundmaterial (siehe Seite 4)*
- *Tonpapierstreifen, 50 cm lang, 2 cm breit, je 1 in Grün und Türkis*
- *Tonpapierstreifen, 50 cm lang, 1,7 cm breit, je 1 in Grün und Türkis*
- *Tonpapierstreifen, 50 cm lang, 1,5 cm breit, je 1 in Grün und Türkis*
- *Fotokarton in Türkis, Gelb, Orange, Dunkelorange, Rot und Pink*
- *Dekomalstift in Weiß und Rot*
- *2 Wackelaugen, Ø 7 mm*
- *Schmuckdraht in Türkis, Ø 0,5 mm, 2-mal 10 cm lang*
- *4 Rocailles in Türkis, Ø 2 mm*
- *Stopfnadel o. Ä.*

Vorlagen 20 a–c, Bogen B

Impressum

Entwürfe und Realisation: Caroline Hofman
Redaktion: Petra Hassler
Lektorat: Regina Sidabras
Fotos: Inge Ofenstein
Styling: Ulrike Hundhammer
Umschlaggestaltung: Franziska Döhler
Layout und Produktion: buchkonzept@web.de
Druck und Verarbeitung: Himmer AG, Augsburg

ISBN 978-3-86673-054-0
Art.-Nr. 2054

Autorin und Verlag haben alle Angaben und Anleitungen mit größtmöglicher Sorgfalt zusammengestellt. Dennoch kann bei Fehlern keinerlei Haftung für direkte oder indirekte Folgen übernommen werden.

Hersteller

Heyda-Werk, Hagen
KnorrPrandell, Lichtenfels
Marabuwerke, Tamm
Marpa Jansen, Mönchengladbach
Rayher Hobby, Laupheim
Ursus, Buntpapierfabrik Ludwig Bähr, Kassel

alle über Hobby- und Bastelfachhandel